48
6. 1357.

(Par Angliviel La Beaumelle,
d'après Barbier.)

DE LA

RÉFORME RADICALE

DE LA LOI

DES ÉLECTIONS,

PAR **M. A. L. B.**

IMPRIMERIE DE DONDEY-DUPRÉ.

A PARIS,

Chez {
DONDEY-DUPRÉ, Imprimeur-Libraire, rue St.-Louis, n°. 46, au Marais, et rue Neuve St.-Marc, n°. 10.
DELAUNAY, Libraire, Palais-Royal, galerie de bois.

1819.

AVERTISSEMENT.

Lorsque l'on s'occupa pour la première fois de la loi sur les Élections, j'adressai ces feuilles à Paris pour les faire imprimer ; elles furent communiquées à un député de mes amis, qui déclara que le projet passerait tel que le présenteraient les Ministres, et décida par conséquent que la publication de mes idées était inutile. Depuis, une autre occasion s'est présentée ; mais l'attaque dirigée alors contre la loi des élections fut tellement impopulaire, que je me gardai de me ranger au nombre de ses détracteurs, quoiqu'enfin elle ne soit pas plus parfaite que toute autre œuvre des hommes. Maintenant ce préjugé superstitieux en faveur de l'infaillibilité ministérielle paraît un peu affaibli ; on propose ici, d'augmenter le nombre des députés ; là, d'augmenter celui des électeurs ; ailleurs, de partager les collèges électoraux ; ailleurs encore, de diminuer l'âge fixé par la Charte ; au reste, ce que je blâme dans le mode actuel d'élection n'est pas ce en quoi il diffère des autres modes proposés, mais précisément ce qu'il a de commun avec eux. Je trouve bonne, et très-bonne, la composition des collèges électoraux : je ne développerai point les motifs de ma conviction ; mais ceux qui auront la complaisance de lire avec attention ces observations, pourront les déduire de mes principes.

Ces réflexions sont peu étendues relativement à tout

ce qu'il y a à dire sur ce point ; mais si je ne me trompe, elles sont assez développées, sinon pour persuader de la vérité de mon système, du moins pour exciter le doute sur la bonté de celui que l'on suit ; c'est tout ce que je désire. Il ne me sera pas difficile, si l'on en est bien aise, de démontrer en un volume ce que j'ai prouvé en quelques pages ; mais il est bon que des ouvrages de discussion obligent à réfléchir ; on a toujours des idées plus claires et plus sûres lorsqu'on les forme d'après soi : quant à ceux qui ne réfléchissent pas, il est parfaitement indifférent et pour eux et pour moi, qu'ils lisent ou qu'ils ne lisent pas ces feuilles.

DE LA
RÉFORME RADICALE
DE LA LOI
DES ÉLECTIONS.

Pour savoir comment il faut nommer les députés, il faut savoir pourquoi on les nomme ; car il est évident que les moyens doivent correspondre à la fin.

Les députés des départemens forment une Chambre qui est appelée à concourir, avec le Roi et la Chambre des Pairs, à la rédaction des lois.

Je dis la rédaction des lois, et non pas la législation, parce que je crois que les lois sont déclarées, et non faites ; que telle chose qu'un législateur, ou un homme, un corps, qui fait, c'est-à-dire, qui invente et qui établit des lois, n'a jamais existé ni pu exister.

Les lois, proprement dites (je ne parle pas des

ordonnances temporaires qui sont l'expression de la volonté actuelle du Gouvernement, relativement à l'exécution des lois), les lois, proprement dites, qu'elles soient naturelles, civiles, politiques ou même littéraires, ne sont jamais que la déclaration de ce qui existe. La loi de Kepler, sur les mouvemens des astres, les lois des combinaisons chimiques, ne sont que des faits généraux résultans des observations. La Poétique d'Aristote n'est que l'analyse de ce qu'avaient fait avant lui les poètes épiques ou dramatiques. Dans tous les pays, les lois civiles et criminelles ne sont que la jurisprudence antérieure solennellement consacrée ; les lois politiques ne sont que l'énonciation des devoirs et des droits des pouvoirs déjà existans ; aucun Gouvernement n'est une création nouvelle, mais seulement une modification d'un Gouvernement antérieur, et cela est évident ; car la société est aussi ancienne que l'espèce humaine, et nulle société ne peut exister sans un Gouvernement.

Les lois de chaque État sont donc le résultat duement constaté des actions habituelles des invidus qui le composent ; et comme, dans des circonstances données, encore que la conduite de chaque individu soit libre, les résultats généraux sont nécessaires, il s'en suit que la loi est tout à la fois et comme le dit Cicéron, l'expression de la raison divine , puisque c'est cette sagesse qui règle tout ; et, comme la définissent les publicistes modernes, l'expression de la volonté générale.

La volonté , en effet , est cette faculté qu'a l'homme, d'employer ses moyens physiques et moraux ; faculté qui , toutes les fois qu'elle est exercée , est infailliblement et immédiatement suivie d'une action intérieure ou extérieure. On a quelquefois trop étendu le sens de ce mot. Vouloir pour l'avenir, ce n'est que projeter , et dire que l'on veut une chose, ne prouve rien , sinon que l'on a eu la volonté de le dire ; la volonté générale ne doit donc être jugée que par les actions, par les faits.

L'expression *volonté générale*, ne suppose pas une volonté unanime. Cette volonté est impossible ; car, tous les hommes différant entr'eux, leurs actions, lors même qu'elles ne sont pas opposées l'une à l'autre, diffèrent toujours du moins de direction et d'intensité ; mais par un phénomène remarquable de physiologie politique, toutes ces volontés divergentes se groupent suivant certaines règles, et forment une volonté commune, que l'on peut dire être la résultante de toutes celles qui y participent.

On peut conclure de là , pour le dire en passant, que le despotisme, tel qu'on le définit communément, ne peut exister entre des êtres de la même espèce ; il n'existe pas même entre un berger et ses moutons ; la volonté d'un sultan agit sur le dernier de ses esclaves ; mais puisque cette action suppose un rapport, il faut aussi que la volonté de l'esclave agisse sur le sultan, sans cela il y aurait une force, une action sans résultat, une cause sans effet, ce qui n'arrive pas plus dans le monde moral que dans le monde physique. Si en examinant l'histoire, nous nous débarrassons de cette tendance naturelle à grandir ceux dont nous nous occupons, nous verrons que la puissance des rois, des conquérans, des législateurs, n'est autre chose que leur adresse ou leur docilité à obéir aux impulsions de ceux qu'ils prétendent ou qu'ils croient peut-être conduire : on ne mène jamais les hommes que là où ils veulent aller. Lorsque des myriades de harengs émigrent tous les ans des mers polaires, il faut bien qu'il y en ait qui soient les premiers de leurs immenses colonnes ; mais ils ne sont les premiers, que parce que, dirigés par le même instinct, la route qu'ils suivent est la même que celle que chacun des autres eût choisie ; s'ils s'en écartaient, ils ne seraient plus les premiers, ils seraient seuls ; en un mot, chaque individu, de droit et de fait, contribue à l'organisation de l'ordre civil et politique de la société à laquelle il appartient : c'est là la vraie souveraineté du peuple, axiôme d'éternelle vérité, puisque ce

n'est autre chose que la souveraineté de la provi-
dence.

Si l'on contestait ces principes, que l'on examine ce qui se passe relativement à l'exécution
des lois. Chacun ne sait-il pas que lorsqu'une loi
est contraire aux habitudes, aux mœurs, en un
mot, à la volonté du peuple, elle est violée conti-
nuellement; que ces violations, lorsqu'elles sont
assez nombreuses, sont impunies; qu'une loi
qui est violée impunément, n'existe plus, ou est
regardée comme tombée en désuétude? N'est-il
pas clair dès-lors que cette abrogation de la loi,
d'abord tacite, et qui tôt ou tard devient for-
melle, est le résultat de toutes les désobéissances
partielles; que par conséquent chacun de ceux qui
ont désobéi, quelle que soit sa condition, a con-
tribué directement, pour sa part, à cette abrogation;
il en est de même pour la formation de la loi.

Cela n'empêche pas qu'il ne puisse parfois
exister de la tyrannie, parce que la force du Gouvernement est toujours organisée, et agit aussitôt
que sa volonté; la tyrannie a lieu toutes les fois
que l'on fait exécuter comme loi, ce qui n'est pas
conforme à la volonté générale; elle a lieu toutes
les fois que la volonté du Gouvernement est plus
éclairée que celle du peuple, ou qu'elle l'est
moins; toutes les fois qu'elle est meilleure ou
pire. Nous voyons à présent dans le nord et le

midi de l'Europe, des gouvernemens vexer des peuples qui en savent plus qu'eux; et Joseph II, ainsi que Sélim, ont vexé leurs sujets, parce que ceux-ci n'avaient pas les mêmes connaissances que leurs chefs.

Un Gouvernement pourrait être constamment conforme à la volonté générale, s'il avait par lui-même des observations assez exactes; c'est dans les États despotiques que les souverains se déguisent pour découvrir par eux-mêmes la vérité; mais il est infiniment plus sûr et plus raisonnable pour atteindre ce but, d'établir un ou plusieurs corps qui, par état, éclairent le Gouvernement ou participent à ses actes, et qui lui fassent connaître à chaque instant l'état de l'opinion de ceux dont le sort lui est confié.

C'est ce que l'on nomme le Gouvernement représentatif, qui n'est pas le seul bon dans la pratique, mais qui est assurément le seul raisonnable en théorie.

Pour que la Chambre des Députés, qui chez nous participe à cette fonction, puisse remplir son but, il est clair qu'il faut que sa volonté générale soit sensiblement la même que la volonté générale du peuple; il faut pour cela que la résultante des opinions isolées de ses membres, soit la même que la résultante des opinions des individus. Il faut donc que chaque volonté ou groupe de volontés, y soit représenté avec une force et une direction semblables à celle qu'elle a dans la nation ; il faut que la chambre soit la nation réduite sur une petite échelle.

Or, le mode d'élection à la majorité, suivi jusqu'à présent en France, et dans d'autres pays, ne remplit point ce but, et produirait plutôt un effet contraire.

Ce mode est inexact, il est injuste, il est dangereux. Avant d'aller plus loin, que l'on me permette une comparaison, triviale si l'on veut, mais qui sera à la portée de tout le monde : que des actionnaires d'une compagnie, que des cohéritiers aient à faire administrer leur bien, à soutenir un procès, la volonté étant la même dans tous, il est bien clair que nul ne fera sciemment un mauvais choix pour l'administrateur ou l'agent d'affaires qu'il faudra nommer ; seulement, pour réunir dans cette élection le plus de lumières qu'il sera possible, il sera convenable de la faire à la majorité.

Que s'il y a des intérêts différens dans le sein de cette société elle-même, entre la majorité et la minorité, par exemple, et qu'on veuille les faire valoir par des agens, y aura-t-il quelqu'un assez insensé pour proposer de les choisir à la majorité ? et c'est ce que nous faisons tous les ans.

Par analogie, on jugera que l'on pourrait nommer à la majorité, des députés qui ne seraient chargés que de la paix et de la guerre, de la quotité (et non de la répartition) des impôts, et d'autres choses où chacun a nécessairement un intérêt égal, et qui, par conséquent, peuvent être laissées à la décision d'un corps quelconque, même d'un individu, s'il est assez éclairé ; mais que lorsqu'il est question de choses qui intéressent les rapports des citoyens entr' eux, il faut recourir aux élections proportionnelles : observons de plus que ces élections ne conviennent pas moins que les autres pour remplir le premier but.

Je dis que le mode d'élection à la majorité est inexact, c'est-à-dire que la Chambre, ainsi nommée, peut ne point avoir la même volonté que celle du peuple. Supposons, pour en donner un exemple, un peuple dans lequel les partis soient distingués par des rapports religieux ; ce qui ne suppose point un peuple religieux : qu'il y ait quarante-neuf centièmes calvinistes, vingt-six molinistes et vingt-cinq jansénistes ; que l'on élise à la majorité : tous les députés seront catholiques ; mais s'ils sont pris dans les deux partis, ce qui doit arriver, car c'est une condition nécessaire de l'union ; il s'en suivra qu'il y aura telle discussion où l'opinion de vingt-six centièmes pourra prévaloir sur celle de soixante-quatorze ; s'il y avait deux degrés d'élection, ou plus, le danger serait plus grand encore.

Il est évident que le sort tout seul donnerait des résultats meilleurs, et ce n'était pas sans raison que l'on employait dans les anciennes républiques ce mode d'élection.

Voici ce que me répondait à cet égard, un homme dont les talens et le patriotisme héréditaires honorent le nom et la haute dignité, qui suffiraient pour en honorer d'autres.

« Il est vrai qu'il faut que l'opposition soit re-
» présentée ; car si toute la nation était rassem-
» blée, et nommait ensemble les députés, il est
» évident que la minorité serait privée de ses
» droits ; mais cela est compensé par la division
» du territoire, qui fait que la majorité n'étant
» pas la même partout, l'opposition trouve des
» représentans ; je conviens que dans l'hypothèse
» d'une réunion générale du peuple, l'élection
» proportionnelle vaudrait mieux, mais ce mode
» perd évidemment de sa bonté, par la division
» des assemblées ; et c'est cette division qui est
» l'état subsistant, et que l'on ne peut changer. »

Je conviens qu'il y a une compensation qui n'ôte pas, mais qui peut diminuer le mal; cependant cette compensation est due au hasard ; elle peut être excessive ou incomplète : elle est inexacte, et dans l'hypothèse la plus favorable, ce n'est jamais qu'une compensation d'injustices, et en morale publique, comme en morale particulière : « ne faites point le mal pour qu'il en arrive du bien ». D'ailleurs si c'est un moyen de compensation et d'amélioration, il s'ensuit directement qu'il faut augmenter les chances le plus possible, et, pour y parvenir, diviser la France en autant de collèges qu'il y a de députés, ce qui rendra évidemment l'élection trois fois plus conforme au vœu général, et parconséquent trois fois meilleure ; et je crois effectivement, que, hors que l'on n'adopte les élections proportionnelles, on ne saurait faire mieux.

Je conviens encore qu'en adoptant les élections proportionnelles, l'effet de ce changement sera nul dans les trois collèges qui ne nomment qu'un député ; que dans ceux qui en nomment deux, il pourra y avoir près d'un tiers de voix perdues, soit qu'un parti ait le tiers des voix, moins deux, sans avoir aucune influence, soit qu'un autre ayant les deux tiers, moins deux, n'ait que l'égalité dans la députation, au lieu de la majorité qu'il devrait avoir. Cette proportion de voix perdues diminue à mesure que le nombre des députés à nommer ensemble augmente, et dans le système actuel, elle est de moins d'un cinquième pour toute la France.

Or, c'est déjà une preuve de la supériorité de ce mode, que l'hypothèse d'un député par collège, qui est celle où le système proportionnel n'a plus aucun avantage, soit précisément celui qui fournit la combinaison la plus avantageuse pour les élections à la majorité ; d'ailleurs, lorsque l'on convient du principe, il ne s'agit plus que de calcul.

J'ai dit que le cinquième des voix pourrait être perdu ; mais comme ces voix perdues nomment dans mon projet les suppléans, et que les vacances par mort, démission ou autrement, sont à peu près du quinzième, il s'ensuit qu'il n'y a vraiment de perdu que le dixième des suffrages, et qu'encore il n'y a pas de motif pour supposer que la compensation ne s'y exerce pas d'un département à l'autre ; ainsi l'élection proportionnelle, malgré l'incertitude inévitable, est déjà dix fois plus exacte que celle à la majorité.

Que si l'on doublait le nombre des députés, le nombre des voix perdues serait réduit au dixième, et la proportion des remplacemens restant la même, il s'en suivrait que la compensation n'aurait plus à s'exercer que sur un trentième des voix.

Je crois que c'est déjà s'appprocher beaucoup de l'exactitude ; mais je n'en applaudirai pas moins à un mode qui s'en approcherait davantage.

L'élection à la majorité est encore injuste. Puisqu'il y a un avantage à être représenté, un avantage à nommer, il est clair que cet avantage doit être commun à tous ; or, ici la majorité seule use de son droit, il est comme non existant pour la minorité, elle est à cet égard dans la condition des Ilotes.

Tous les citoyens sont égaux devant la loi comme ils le sont devant le bon sens, comme ils le sont devant Dieu; ils doivent donc tous participer aux mêmes droits et aux mêmes charges, par eux ou leurs représentans les électeurs, qui étant choisis au hasard de la fortune, expriment assez exactement la volonté de la masse des Français. C'est une mauvaise plaisanterie, que de prétendre que l'égalité du droit de séance à l'assemblée suffit, lorsque l'on sait d'avance que les votes de la minorité seront nuls, et qu'elle n'a que ses votes, pnisqu'un collége électoral ne discute ni ne délibère.

Et que l'on ne m'objecte pas les ressources d'une minorité adroite, qui, par la tactique électorale, peut balancer ou paralyser même la majorité, surtout dans les scrutins de liste. D'abord, toutes ces manœuvres ne peuvent rien contre une majorité forte; ensuite, comme quelqu'adroites qu'elles puissent être, elles n'ont jamais rien de bien franc, ni de bien honorable, je ne crois pas que l'on puisse prôner, comme bon, un système dont elles seraient une partie intégrante : aussi tous ces avantages se réduisent-ils ordinairement ou à écarter les candidats principaux de la majorité, pour prendre dans son sein des candidats moins recommandables, ou à laisser à une minorité très-faible, le choix entre les candidats des deux partis. Cela ne vaut pas la peine d'intriguer.

Si l'on m'objecte les compositions entre les partis d'égale force, je répondrai que dans ce cas le bon sens et la justice des électeurs leur font faire quelquefois, et dans le seul cas d'égalité, ce qui arriverait constamment d'après mes idées, et que si l'on regarde ces compositions comme une circonstance favorable des élections, il faut se hâter de les rendre générales et nécessaires, tandis qu'elles sont rares et facultatives.

Dans beaucoup d'anciens Gouvernemens, la force de la justice avait nécessairement conduit les peuples à remédier à cet inconvénient par l'usage du sort, comme nous l'avons dit ; par l'hérédité, qui est une espèce de sort, mais qui a des inconvéniens d'une autre classe ; par des corporations, chose inexécutable à présent, parce que les morts ne ressuscitent pas, et qu'il serait impossible d'évaluer les droits de chacune ; par des majorités graduées des deux tiers, des trois quarts, suivant l'importance des lois, ce qui donnait à la minorité, sinon le droit de faire, du moins celui d'empêcher. Napoléon, quoique doué d'un tact bien fin pour éviter tout ce qui favorisait la liberté, avait pourtant laissé introduire dans sa loi des élections, une disposition de ce dernier genre, qui a été supprimée dans la législation actuelle.

Non-seulement les élections à la majorité sont injustes, mais elles sont dangereuses. Dans ma manière de considérer l'organisation sociale, ces deux propositions sont synonymes ; car, n'en déplaise à la mémoire d'Aristide, et à des exemples plus récens, je ne crois pas que rien d'injuste puisse être avantageux : il n'y a point de dette qui ne se paie ; toute injustice est un déplacement , et l'équilibre doit être rétabli. Ordinairement même le mouvement du retour à la justice se prolonge après avoir atteint le but, et enfante des injustices nouvelles, comme le balancier d'une pendule, dérangé de sa position naturelle, n'y revient qu'après des oscillations ; toute injustice amène punition, toute tyrannie engendre révolution : telle est mon opinion ; mais pour ceux qui ne la partagent pas, je vais entrer dans de plus grands détails.

D'abord, compter la minorité pour rien, tandis qu'elle est quelque chose de très-réel, et souvent de très-puissant, c'est compromettre sa sûreté. Si les protestans avaient été convenablement représentés dans les conseils des Valois ; si les Vendéens l'eussent été à la Convention, il est probable que les terribles guerres occasionnées ou soutenues par ces deux minorités, n'auraient pas

eu lieu. Mais sans s'arrêter à des exemples par-
ticuliers, et à des hypothèses que l'on peut con-
tester, examinons les principes et les faits.

Les hommes sont doués de deux qualités opposées, la sympathie, ou plutôt la synergie, qui
les engage à imiter les autres, et la conscience de
leur liberté morale, qui les porte à se conduire
d'après eux-mêmes : les deux sentimens secondent
l'instinct de sociabilité ; car la société ne pourrait
exister sans le premier, ni se conserver sans le
second.

Dans l'infinie variété des volontés humaines,
le seul moyen d'en contenir l'expansibilité, c'est
de les gêner, de les forcer à se réunir par des
obstacles de même nature, par l'opposition d'autres volontés ; de-là vient le patriotisme ou la modification de l'esprit de sociabilité appliqué d'une
manière limitée à une société donnée, par l'opposition des sociétés voisines.

Dans une réunion d'hommes, fussent-ils tous
choisis du même parti, chaque fois qu'une chose
sera mise en question, il se formera un nombre
indéfini d'opinions, qui finiront par se réduire à
deux ; chaque fois qu'une action sera nécessaire, il
se formera de même deux volontés, parce que les
opinions et les volontés qui tendent à diverger par
ce sentiment de la liberté qui devient le désir de
la domination, sont forcées à se réunir par l'effet

du même sentiment chez les autres, et de céder alors à la tendance à l'imitation.

C'est là ce que l'on nomme partis, dans les sociétés politiques. Ces partis existant dans la nature de la société, ils se développent toutes les fois qu'elle est assez indépendante ; ils se taisent, toutes les fois que la sûreté de la société elle-même est assez compromise pour que la réaction des sociétés voisines les réunisse. Les partis existent dans la volonté, indépendamment des opinions ; ils existeraient sans motifs, et s'ils prennent ordinairement pour enseignes des opinions différentes, ce n'est pas une raison de penser que ces opinions influent sur leur conduite. On a vu des athées être Jansénistes ou Molinistes ; des hommes qui ne savaient pas la musique, être Gluckistes ou Piccinistes ; on a vu des hommes, pour parvenir au rétablissement des distinctions nobiliaires, descendre avec la populace à la fraternité la plus démagogique ; des royalistes insulter leurs rois ; des républicains employer pour servir la liberté, les formes et les moyens de la tyrannie orientale, et je ne croirais nullement difficile d'organiser, dans un État composé d'aveugles, des partis qui différassent sur le choix des couleurs.

Et que l'on ne dise pas qu'attendu la variété d'objets sur lesquels peut délibérer une assemblée, il y aurait trop de difficulté à choisir des hommes qui fussent les organes de l'opinion de chacun. L'homme n'est point dans sa raison, il est dans sa volonté ; il n'est point dans ses pensées, il est dans ses affections. Si les objets de discussion changent, les partis subsistent toujours en s'accommodant à ces nouveaux objets. Assurément l'homme le plus subtil ne peut trouver de rapport bien positif entre la couleur de l'habit d'un cocher, et la manière de gouverner la moitié du monde ; cependant, à Rome, les factions pour tel ou tel empereur, se liaient aux factions du cirque ; lorsque les querelles sur l'harmonie remplacèrent celles sur la grâce, les Jansénistes se trouvaient à l'Opéra séparés des Molinistes. Les opinions, je le répète, ne sont que l'enseigne des partis, comme tel ou tel signe extérieur, tel ou tel chiffon est l'enseigne des opinions ; les prétendus motifs des dissentions n'en sont que l'occasion ou le prétexte ; leur cause unique et réelle est la disposition du cœur humain à cette dissidence.

On dit quelquefois qu'il faut empêcher l'existence des partis, c'est-à-dire, qu'il faut changer la nature humaine, ce qui n'est pas facile. Laissons l'homme comme il est ; si nous le faisions à notre goût, probablement il ne serait pas meilleur.

Lorsque la forme du Gouvernement est assez

raisonnable pour que ce qui lui est relatif soit un objet de discussion, il se forme toujours deux partis dans la nation. L'un veut la conservation de ce qui est, l'autre veut des changemens; ce sont les partis du Gouvernement et de l'opposition. Tous les deux sont nécessaires à la stabilité de l'État, parce que des changemens graduels devenant tôt ou tard indispensables, il faut dans l'État un principe de changement, et que de l'autre côté, des variations subites étant nuisibles, il doit avoir aussi un principe de fixité. Quelquefois ces deux partis se rattachent aux hommes comme enseignes, et la question est alors de savoir si le pouvoir restera dans les mêmes mains ou s'il passera dans d'autres.

Le parti du Gouvernement doit avoir la majorité, ou être du parti de la majorité, parce que sans cela il n'aurait point de stabilité. L'opposition doit être en minorité, et la perfection du Gouvernement consiste à accorder les changemens, à mesure que, devenus nécessaires, ils ont fait passer du monde de son parti dans celui de l'opposition.

Le parti de l'opposition peut être varié, parce qu'il y a mille manières de changer, et qu'il n'y en a qu'une de rester le même : ordinairement ces différentes oppositions se réunissent; mais lorsqu'elles sont contraires l'une à l'autre, le Gouvernement doit désirer que celle qu'il craint le plus se renforce, pour réunir l'autre à sa majorité *.

Lorsque l'opposition ou la minorité s'est affaiblie graduellement par des concessions sages et le progrès des lumières dans les générations nouvelles, et qu'elle est devenue extrêmement petite, alors par la seule force des choses, il se forme dans la majorité une nouvelle opposition : ce changement ne peut qu'être utile lorsqu'il se fait ainsi.

Si c'est par la violence que la minorité est privée de l'influence qu'elle doit justement avoir, la majorité se divise également ; mais alors il peut aisément arriver que l'opposition dans le Gouvernement, ait la majorité réelle dans la nation ; ce qui est un des symptômes de la tyrannie.

Lorsque la minorité de l'Assemblée Constituante se fut réduite à la nullité, et qu'elle eut été ensuite expulsée par les élections de 1791, l'Assemblée Législative se trouva divisée non plus en aristocrates et en démocrates, mais en feuillans et en jacobins : les premiers étant éliminés par les élections d'août 1792, il n'y eut à la Convention

---

* Ce qu'il y aurait de plus fâcheux pour la liberté et pour le parti libéral, ce serait qu'il n'y eût plus d'*ultrà*-royalistes dans les Chambres.

que des républicains ; ils se divisèrent aussitôt ;
les girondins furent égorgés, proscrits, enfermés :
la conséquence de leur expulsion fut la division
des montagnards en partisans de Danton, et partisans de Robespierre ; les premiers succombèrent
encore ; mais toutes ces minorités de cordeliers,
de fédéralistes, de feuillans, de royalistes, for-
mèrent par leur union cette immense majorité na-
tionale qui, en thermidor, culbuta d'un souffle un
Gouvernement que l'Europe n'avait pu ébranler.

Que l'on examine d'après ces principes, tous les
événemens politiques jusqu'à nos jours, et l'on
verra constamment le même résultat ; que lorsqu'on
prive la minorité de ses droits, on la fortifie par
le fait, parce qu'on forme dans le sein de la majorité une seconde opposition qui se joint à la première ; et, si par cette alliance elle devient la plus
forte, il s'ensuivra un bouleversement.

Il est donc de l'intérêt des plus forts, pour de-
meurer les plus forts, de ne point abuser de leur
puissance ; si bien qu'il arrive ici ce qui arrive
toujours : que ce qui est le plus juste, est aussi le
plus utile ; et comme c'est surtout dans la partie
élective du pouvoir législatif que les erreurs du
mode d'élection à la majorité auraient le plus
d'influence, il faut que cette partie soit compo-
sée exactement comme l'est la nation elle-même,
c'est-à-dire, que la majorité et la minorité y soient

les mêmes que dans la nation. L'opposition étant
alors représentée avec toute sa force, cette puissance pourra être évaluée exactement, et le Gouvernement n'aura plus à hésiter pour suivre, sans
crainte et sans détour, le vœu de la majorité.

Les nombres respectifs des défenseurs de tel ou
tel parti ne changeant que lentement et successi-
vement, il n'y aurait non plus dans les nominations que des changemens graduels, et le Gouvernement croîtrait en stabilité, et par conséquent
en force.

En un mot, l'idée de député est pour moi celle
d'un homme dont la volonté ou l'opinion exprime
exactement celle de la deux cent quarantième, ou
de la quatre centième partie (si l'on porte le
nombre des députés à 400) de la population fran-
çaise; la perfection du système électoral serait que
partout, l'individu qui réunit de quelque manière
que ce fût, cette portion des suffrages généraux,
se trouvât député, mais cette exactitude absolue
est impossible à obtenir dans l'exécution; il faut
à cause des circonscriptions locales, et pour
d'autres motifs, qu'il y ait des voix perdues. Il y
en aura d'autant moins que le nombre des députés
sera plus considérable.

On objectera peut-être que dans notre consti-
tution, une Chambre non élective participe à la
rédaction des lois, qu'elle représente les intérêts

de la haute propriété, et que la chambre élective doit avoir une composition et une direction différentes, afin de maintenir l'équilibre de la balance des pouvoirs.

Je crains de n'avoir pas bien rendu cette objection, parce que je ne comprends pas un mot des principes sur lesquels on la fonde.

1°. J'avoue que je ne sais point ce que c'est que représenter des intérêts; encore que les intérêts agissent sur la volonté, ils ne sont la même chose nulle part, et surtout en France; il y a maint propriétaire qui voudrait voir rétablir la dîme, et maint seigneur féodal qui exposerait sa vie pour empêcher qu'on ne rétablit les droits féodaux. On a compté des Montmorency, des Noailles, des Lafayette, des Broglie, dans les rangs des défenseurs de l'égalité; des Suleau, des Stofflet, dans ceux des soutiens de la noblesse. et l'on sait quels sont les républicains qui, sous le gouvernement consulaire, ont travaillé au rétablissement de la monarchie.

2°. J'avoue encore que je ne sais pas davantage en quoi les intérêts de la grande propriété, considérée comme propriété, diffèrent des intérêts de la petite.

3°. Je confesse que j'ignore absolument qu'une chambre non élective ne doive représenter qu'un parti, tandis qu'il me paraît au contraire que,

précisément parce qu'elle est héréditaire, le hasard de la naissance doit y placer les hommes de
tous les caractères et de toutes le s opinions. D'ailleurs les faits sont là.

4°. Il faut enfin que je reconnaisse avec humi-
lité que je n'ai jamais conçu ce que c'est que
la balance des pouvoirs ; que des pouvoirs qui
se balancent sont, à mon avis, nuls pour toute
la partie balancée, et qu'il n'existe de puissance réelle, d'action, que dans ce qui excède
d'un ou d'autre côté ; qu'une balance chargée de
pouvoirs égaux, ne présente à mon esprit que
l'idée d'une série interminable d'oscillations,
c'est-à-dire, une éternité d'injustices alternatives,
ce qui serait le plus abominable des Gouvernemens, si cela ressemblait à un Gouvernement. Il
me semble que l'autorité est et doit être une ; que
si tous les Gouvernemens sont démocratiques dans
leur principe, ils sont tous monarchiques dans
l'action du pouvoir : parce que la volonté, quelque nombreux que soient ses élémens, est nécessairement simple, et que par suite, s'il y avait des
vues opposées entre deux des parties du pouvoir,
ce ne serait qu'un moyen de l'affaiblir au moins,
et de le désorganiser peut-être.

On objectera encore que, puisque d'après mes
principes eux-mêmes, la loi n'est que la déclaration de ce qui existe, l'élection proportionnelle

n'existant pas actuellement, ne peut être l'objet d'une loi, et que puisqu'elle n'est pas, c'est une preuve qu'elle ne convient pas au caractère national.

Je répondrai que, lorsque les assemblées électorales avaient la nomination de leur président, que par conséquent elles étaient plus libres sous ce rapport, il ne se passait pas d'année qu'il n'y eût un très-grand nombre de scissions, qui étaient un effet juste et naturel de la résistance de la minorité à l'oppression légale de la majorité ; il y avait déjà eu au moins un exemple de répartition des députés entre les deux assemblées, d'après le nombre des électeurs qui les composaient.

Je dirai plus ; dans cet instant même on s'aperçoit généralement du vice qu'il y a à ce que la majorité de la Chambre puisse, comme au 18 fructidor, juger de la validité de l'élection d'un député ; chacun sent l'inconvenance qu'il y aurait à ce que la majorité chassât la minorité après son élection, et de là il n'y a pas bien loin à sentir la nécessité qu'il y a aussi, à ce que cette minorité soit élue, suivant le droit qu'elle peut avoir à l'être. Enfin notre système d'élection est proportionnel de département à département ; ce qui indique une intention de justice, qui a été égarée par la fausse idée que les départemens étaient des individus politiques.

Je ne répondrai pas à ceux qui craindraient que cette manière franche d'élire n'augmentât les intrigues, les dissentions, les haines entre les citoyens ; pour l'intrigue et les dissentions, elles y sont déjà, et les haines n'en proviennent que lorsqu'un parti est opprimé : défendez l'exercice d'une religion, vous aurez, sinon des guerres, du moins des haines de religion ; permettez-les toutes, tous ceux qui les professent vivront en paix.

Il y a encore une autre objection. Ceux qui sont les plus forts et ceux qui croient l'être ; ceux qui croient avoir de leur côté le nombre, le courage et les talens, diront : pourquoi, puisque nous pouvons nommer tous les députés, donnerions-nous des nominations à d'autres ? nous sommes sûrs de gouverner mieux que personne, et la présence de nos adversaires nous sera toujours un obstacle, et nous obligera peut-être même à modifier nos projets.

Si vous êtes les plus forts, vous demeurerez les plus forts, et comme la majorité a autant de pouvoir que l'unanimité dans une assemblée délibérante, il n'y a point de perte réelle ; de plus vous serez certains de votre force, chacun de vous connaîtra les électeurs qui l'auront nommé, et saura comment il doit se conduire pour être réélu ; votre puissance sera non-seulement connue, mais inaltérable, puisqu'elle ne changera que lorsque la majorité changera dans la nation, ce qu'il est toujours possible d'empêcher par des concessions faites à propos ; vos projets pourront être modifiés par l'influence de l'opposition : il est possible ; mais il n'en seront que plus conformes à la volonté de tous, et vous devez vous rappeler qu'en matière de Gouvernement, ce qu'il y a de meilleur est mal, s'il n'est pas dans les idées publiques. Il n'y a donc que de l'avantage pour les plus forts, à ce changement dans la forme de l'élection. En politique comme en hygiène, pour conserver sa force il faut ne point en abuser.

Supposons que vous soyez arrivés au comble de vos vœux, que partout votre parti ait triomphé : vous serez unanimes, et certainement encore toutes les autres branches de la puissance publique seront de votre parti.... certes ce serait là un résultat bien avantageux, que celui qui soumettrait la nation entière à une poignée d'hommes qui feraient des lois sans examen, et à des ministres qui seraient par le fait, non-seulement irresponsables, mais encore inattaquables ! Ceux qui composeraient cette réunion, fussent-ils des Solon, des Brutus ou des Sidney, on irait chercher plutôt la liberté à Constantinople, à Pétersbourg ou à Téhéran, que sous leur autorité.

Mais, dira-t-on, cette assemblée ne sera pas unanime, il s'y formera une opposition. Il sera donc vrai, comme je l'ai établi, que cette unanimité de nomination fortifiera dans le fait l'opposition qu'elle aura fait exclure, et que pour que cette opposition demeure la plus faible possible, il faut qu'elle ait toute sa force ; cette proposition paraît paradoxale, mais elle n'en est pas moins une conséquence évidente des principes déjà posés.

Et si vous vous trompiez ! si votre force n'était que dans votre imagination ! si les résultats qui font que vous croyez à votre puissance, n'étaient que l'effet des circonstances temporaires ! ne vaudrait-il pas mieux, au lieu de jouer vos droits à croix ou pile, dans l'alternative ou d'en être dépouillés ou d'en abuser, les établir d'une manière telle qu'ils soient nécessairement respectés à l'avenir.

Lisez l'histoire des révolutions, vous y verrez toujours les crimes de la veille devenir les vertus du lendemain, et chaque parti être alternativement tyran ou esclave ; s'il y a un de ces rôles qui vous plaise, à la bonne heure, avouez-le franchement : mais si tout bonnement vous voulez être libres, songez que vous ne pouvez l'être qu'en maintenant dans toute son intégrité la liberté de tous les autres.

Certaines personnes qui veulent défendre des idées vieillies, en les revêtant d'expressions nouvelles , me reprocheront de ne compter les hommes dans tout ce travail , que comme des *unités numériques*, sans avoir égard à la différente importance qu'ils peuvent avoir par leurs richesses, leurs dignités, etc. Je dirai pour me défendre , que si je crois que les hommes doivent être , dans les élections, regardés comme égaux, c'est que je crois que là et ailleurs, ils sont égaux; non pas d'une égalité parfaite qui n'existe pas plus entre deux hommes qu'entre deux gouttes de pluie, deux grains de sable ou deux feuilles de sapin, mais de telle sorte cependant, que de toutes les différences qui existent entr'eux sous les rapports sociaux, moraux, intellectuels, physiques, la plus grande inégalité peut-être est celle de la taille.

Je renonce au plaisir de démontrer cette proposition, pour éviter à mes lecteurs la peine de prolonger une discussion déjà assez étendue, et je me borne à l'examen d'une seule inégalité, celle de la richesse. Je conviens que si la Chambre des Députés n'avait à s'occuper que du budjet, on devrait accorder aux revenus, et non aux individus, le droit de nomination. Encore faudrait-il pour cela que le budjet n'eût point d'influence politique, militaire, administrative ni morale, c'est-à-dire, qu'il ne fût pas un budjet. Mais la législation atteint l'homme tout entier, non-seulement dans ses propriétés légales, mais dans sa propriété naturelle ;

dans ses facultés, sa force, son existence, son bon-
heur enfin. Or la valeur de ces choses est incommen-
surable et infinie relativement à la richesse extérieure ; de sorte qu'entre celui qui met dans la société son existence et cent mille écus de rente, et
celui qui y met son existence et deux cents francs
de capitaux, la différence des mises étant infiniment
petite, leur intérêt sera sensiblement égal, et leur
droit doit l'être aussi ; et jusques à ce jour, les
faits n'ont pas encore prouvé, contre cette asser-
tion, que les riches fussent plus attachés à leur
pays que les pauvres.

En admettant le principe que les nominations
doivent être proportionnelles, et non à la majorité, c'est-à-dire, que chaque député doit être
nommé par une quotité déterminée d'électeurs, il
est clair que, quel que soit le nombre des hommes
à élire, le vote de chacun doit être individuel ;
que c'est rigoureusement une procuration qu'il
donne à un seul député. Pour empêcher qu'il n'y
ait trop de voix perdues, pour les autres détails de
l'opération, on pourrait prendre divers moyens
d'exécution. Je m'en suis occupé, sans toutefois
mettre beaucoup d'importance à tel ou tel mode :
voici cependant ce qui me paraîtrait préférable.

Fixer le nombre des voix nécessaires pour être
élu, à celui des membres du collège présens, di-
visé par le nombre des députés à nommer aug-

menté d'un ; c'est-à-dire, le cinquième, s'il y a quatre députés; le sixième, s'il y en a cinq; car cinq députés ayant chacun plus du sixième des voix, il sera impossible qu'aucun autre ait pu réunir autant de voix qu'eux.

Faire les élections sur une liste triple de candidats , formée par le dépouillement d'un scrutin individuel préalable , fait dans les chef-lieux de canton. Je crois bon de faire désigner ainsi les candidats au scrutin secret, à cause de la pudeur de nos usages politiques , qui empêche que l'on ne se désigne soi-même officiellement. Les candidats une fois nommés formeraient les bureaux, ou nommeraient, concurremment avec le président, les scrutateurs qui doivent les former.

Si l'on faisait la nomination au scrutin , il faudrait qu'il fût ouvert et dépouillé fréquemment, pour qu'aussitôt que la pluralité serait acquise à un individu, on avertît de ne plus lui donner de voix ; il vaudrait mieux voter à haute voix.

Toutes les élections devant sortir de la même opération , on forcerait à se réunir les voix qui s'égareraient, en retranchant au second scrutin de la liste des candidats, ceux qui auraient le moins de voix, et en se contentant au troisième de la simple pluralité.

Comme ce mode perd tout son avantage employé à des nominations isolées , il faudrait des suppléans, et ce seraient ceux qui auraient réuni le plus de voix après les élus.

OBSERVATION.

J'ai indiqué le vice que je crois exister dans notre mode d'élection ; il me semble qu'il est très-aisé de le rendre meilleur, comme il serait facile de le rendre plus mauvais, en faisant deux dégrés d'élection ; mais je ne conclus pas de là que la loi actuelle, malgré ses vices, soit un mal qu'il soit urgent de réparer. Il n'y a point de loi existante qui soit absolument mauvaise. Celui qui a fait l'homme a fait aussi les sociétés, et il a donné au corps social, comme à chaque être vivant, une force intérieure de vie qui le fait subsister malgré les accidens extérieurs. De toute mauvaise législation naissent, par une réaction naturelle, des habitudes qui la corrigent, ou des événemens qui la rectifient, comme des erreurs de régime naissent des crises salutaires. Ne désirons jamais que les crises soient nécessaires, mais ne nous épouvantons pas pour une légère infirmité. Rien n'est plus contraire au bon sens, que le droit d'élection accordé en Angleterre aux bourgs pourris ; mais cet abus est coordonné à tant d'autres, il fournit tant de talens distingués dans les deux partis, que l'on ne sait si la liberté a plus à s'en plaindre qu'à s'en féliciter.

FIN.